TRANZLATY
A língua é para todos
Language is for everyone

A Pequena Sereia
The Little Mermaid

Hans Christian Andersen

Português do Brasil / English

Copyright © 2025 Tranzlaty
All rights reserved.
Published by Tranzlaty
ISBN: 978-1-83566-941-9
Original text by Hans Christian Andersen
Den Lille Havfrue
First published in Danish in 1837
www.tranzlaty.com

O Palácio do Rei do Mar
The Sea King's Palace

Lá longe no oceano, onde a água é azul
Far out in the ocean, where the water is blue
aqui a água é tão azul quanto a mais linda centáurea
here the water is as blue as the prettiest cornflower
e a água é tão clara quanto o cristal mais puro
and the water is as clear as the purest crystal
essa água, lá no fundo do oceano, é muito, muito profunda
this water, far out in the ocean is very, very deep
águas tão profundas, de fato, que nenhum cabo poderia alcançar o fundo
water so deep, indeed, that no cable could reach the bottom
você poderia empilhar muitas torres de igreja umas sobre as outras
you could pile many church steeples upon each other
mas todas as igrejas não conseguiam alcançar a superfície da água
but all the churches could not reach the surface of the water
Lá moram o Rei do Mar e seus súditos
There dwell the Sea King and his subjects
você pode pensar que é apenas areia amarela nua no fundo
you might think it is just bare yellow sand at the bottom
mas não devemos imaginar que não há nada lá
but we must not imagine that there is nothing there
nesta areia crescem as flores e plantas mais estranhas
on this sand grow the strangest flowers and plants
e você não pode imaginar o quão flexíveis são as folhas e os caules
and you can't imagine how pliant the leaves and stems are
a menor agitação da água faz com que as folhas se mexam
the slightest agitation of the water causes the leaves to stir
é como se cada folha tivesse vida própria
it is as if each leaf had a life of its own
Peixes, grandes e pequenos, deslizam entre os galhos

Fishes, both large and small, glide between the branches
assim como quando os pássaros voam entre as árvores aqui na terra
just like when birds fly among the trees here upon land

No lugar mais profundo de todos fica um lindo castelo
In the deepest spot of all stands a beautiful castle
este lindo castelo é o castelo do Rei do Mar
this beautiful castle is the castle of the Sea King
as paredes do castelo são construídas de coral
the walls of the castle are built of coral
e as longas janelas góticas são do âmbar mais claro
and the long Gothic windows are of the clearest amber
O telhado do castelo é feito de conchas do mar
The roof of the castle is formed of sea shells
e as conchas abrem e fecham conforme a água flui sobre elas
and the shells open and close as the water flows over them
Sua aparência é mais bonita do que pode ser descrita
Their appearance is more beautiful than can be described
dentro de cada concha há uma pérola brilhante
within each shell there lies a glittering pearl
e cada pérola seria adequada para o diadema de uma rainha
and each pearl would be fit for the diadem of a queen

O Rei do Mar era viúvo há muitos anos
The Sea King had been a widower for many years
e sua mãe idosa cuidava da casa para ele
and his aged mother looked after the household for him
Ela era uma mulher muito sensata
She was a very sensible woman
mas ela estava extremamente orgulhosa de seu nascimento real
but she was exceedingly proud of her royal birth
e por isso ela usava doze ostras na cauda
and on that account she wore twelve oysters on her tail

outros de alta patente só tinham permissão para usar seis ostras
others of high rank were only allowed to wear six oysters
Ela, no entanto, merecia grandes elogios.
She was, however, deserving of very great praise
havia algo pelo qual ela merecia elogios especiais
there was something she especially deserved praise for
ela cuidou muito bem das princesinhas do mar
she took great care of the little sea princesses
ela tinha seis netas que ela amava
she had six granddaughters that she loved
todas as princesas do mar eram crianças lindas
all the sea princesses were beautiful children
mas a princesa do mar mais jovem era a mais bonita delas
but the youngest sea princess was the prettiest of them
Sua pele era tão clara e delicada quanto uma folha de rosa
Her skin was as clear and delicate as a rose leaf
e seus olhos eram tão azuis quanto o mar mais profundo
and her eyes were as blue as the deepest sea
mas, como todas as outras, ela não tinha pés
but, like all the others, she had no feet
e no final do seu corpo havia uma cauda de peixe
and at the end of her body was a fish's tail

Eles brincaram o dia todo nos grandes salões do castelo
All day long they played in the great halls of the castle
das paredes do castelo cresceram lindas flores
out of the walls of the castle grew beautiful flowers
e ela adorava brincar entre as flores vivas
and she loved to play among the living flowers
As grandes janelas âmbar estavam abertas e os peixes nadavam
The large amber windows were open, and the fish swam in
é como quando deixamos as janelas abertas
it is just like when we leave the windows open

e então as lindas andorinhas voam para dentro de nossas casas
and then the pretty swallows fly into our houses
só os peixes nadaram até as princesas
only the fishes swam up to the princesses
eles eram os únicos que comiam nas mãos dela
they were the only ones that ate out of her hands
e eles se deixaram acariciar por ela
and they allowed themselves to be stroked by her

Fora do castelo havia um lindo jardim
Outside the castle there was a beautiful garden
no jardim cresciam flores vermelho-brilhantes e azul-escuras
in the garden grew bright-red and dark-blue flowers
e flores cresceram como chamas de fogo
and there grew blossoms like flames of fire
as frutas nas plantas brilhavam como ouro
the fruit on the plants glittered like gold
e as folhas e caules balançavam continuamente para frente e para trás
and the leaves and stems continually waved to and fro
A terra no chão era a areia mais fina
The earth on the ground was the finest sand
mas essa areia não tem a cor da areia que conhecemos
but this sand does not have the colour of the sand we know
essa areia é tão azul quanto a chama do enxofre queimando
this sand is as blue as the flame of burning sulphur
Sobre tudo havia um brilho azul peculiar
Over everything lay a peculiar blue radiance
é como se o céu azul estivesse em todo lugar
it is as if the blue sky were everywhere
o azul do céu estava acima e abaixo
the blue of the sky was above and below
Com tempo calmo o sol podia ser visto
In calm weather the sun could be seen
daqui o sol parecia uma flor roxo-avermelhada

from here the sun looked like a reddish-purple flower
e a luz fluía do cálice da flor
and the light streamed from the calyx of the flower

o jardim do palácio foi dividido em várias partes
the palace garden was divided into several parts
Cada uma das princesas tinha seu próprio pequeno pedaço de terra
Each of the princesses had their own little plot of ground
neste terreno eles poderiam plantar as flores que quisessem
on this plot they could plant whatever flowers they pleased
uma princesa arrumou seu canteiro de flores em forma de baleia
one princess arranged her flower bed in the form of a whale
uma princesa arranjou suas flores como uma pequena sereia
one princess arranged her flowers like a little mermaid
e a criança mais nova fez seu jardim redondo, como o sol
and the youngest child made her garden round, like the sun
e em seu jardim cresceram lindas flores vermelhas
and in her garden grew beautiful red flowers
essas flores eram tão vermelhas quanto os raios do pôr do sol
these flowers were as red as the rays of the sunset

Ela era uma criança estranha; quieta e pensativa
She was a strange child; quiet and thoughtful
suas irmãs demonstraram alegria com as coisas maravilhosas
her sisters showed delight at the wonderful things
as coisas que eles obtiveram dos destroços dos navios
the things they obtained from the wrecks of vessels
mas ela se importava apenas com suas lindas flores vermelhas
but she cared only for her pretty red flowers
embora também houvesse uma bela estátua de mármore
although there was also a beautiful marble statue
a estátua era a representação de um belo menino
the statue was the representation of a handsome boy

o menino foi esculpido em pedra branca pura
the boy had been carved out of pure white stone
e a estátua caiu no fundo do mar devido a um naufrágio
and the statue had fallen to the bottom of the sea from a wreck
para esta estátua de mármore de um menino com quem ela também se importava
for this marble statue of a boy she cared about too

Ela plantou, perto da estátua, um salgueiro-chorão cor de rosa
She planted, by the statue, a rose-colored weeping willow
e logo o salgueiro-chorão pendurou seus galhos frescos sobre a estátua
and soon the weeping willow hung its fresh branches over the statue
os galhos quase alcançavam as areias azuis
the branches almost reached down to the blue sands
As sombras da árvore tinham a cor violeta
The shadows of the tree had the color of violet
e as sombras balançavam para frente e para trás como os galhos
and the shadows waved to and fro like the branches
tudo isso criou a ilusão mais interessante
all of this created the most interesting illusion
era como se a copa da árvore e as raízes estivessem brincando
it was as if the crown of the tree and the roots were playing
parecia que eles estavam tentando se beijar
it looked as if they were trying to kiss each other

seu maior prazer era ouvir sobre o mundo acima
her greatest pleasure was hearing about the world above
o mundo acima do mar profundo em que ela vivia
the world above the deep sea she lived in
Ela fez sua velha avó lhe contar tudo sobre o mundo superior

She made her old grandmother tell her all about the upper world
os navios e as cidades, as pessoas e os animais
the ships and the towns, the people and the animals
lá em cima as flores da terra tinham fragrância
up there the flowers of the land had fragrance
as flores abaixo do mar não tinham fragrância
the flowers below the sea had no fragrance
lá em cima as árvores da floresta eram verdes
up there the trees of the forest were green
e os peixes nas árvores podiam cantar lindamente
and the fishes in the trees could sing beautifully
lá em cima era um prazer ouvir os peixes
up there it was a pleasure to listen to the fish
a avó dela chamava os pássaros de peixes
her grandmother called the birds fishes
senão a pequena sereia não teria entendido
else the little mermaid would not have understood
porque a pequena sereia nunca tinha visto pássaros
because the little mermaid had never seen birds

sua avó lhe contou sobre os ritos das sereias
her grandmother told her about the rites of mermaids
"um dia você completará quinze anos"
"one day you will reach your fifteenth year"
"então você terá permissão para ir à superfície"
"then you will have permission to go to the surface"
"você poderá sentar nas pedras ao luar"
"you will be able to sit on the rocks in the moonlight"
"e você verá os grandes navios passarem"
"and you will see the great ships go sailing by"
"Então você verá florestas, cidades e pessoas"
"Then you will see forests and towns and the people"

no ano seguinte uma das irmãs faria quinze anos
the following year one of the sisters was going to be fifteen

mas cada irmã era um ano mais nova que a outra
but each sister was a year younger than the other
a irmã mais nova teria que esperar cinco anos até sua vez
the youngest sister was going to have to wait five years before her turn
só então ela poderia emergir do fundo do oceano
only then could she rise up from the bottom of the ocean
e só então ela pôde ver a terra como nós vemos
and only then could she see the earth as we do
No entanto, cada uma das irmãs fez uma promessa uma à outra
However, each of the sisters made each other a promise
eles iriam contar aos outros o que tinham visto
they were going to tell the others what they had seen
A avó deles não conseguia dizer o suficiente
Their grandmother could not tell them enough
havia tantas coisas que eles queriam saber sobre
there were so many things they wanted to know about

a irmã mais nova era quem mais ansiava pela sua vez
the youngest sister longed for her turn the most
mas ela teve que esperar mais que todos os outros
but, she had to wait longer than all the others
e ela era tão quieta e pensativa sobre o mundo
and she was so quiet and thoughtful about the world
houve muitas noites em que ela ficou perto da janela aberta
there were many nights where she stood by the open window
e ela olhou para cima através da água azul escura
and she looked up through the dark blue water
e ela observou os peixes enquanto eles chapinhavam com suas barbatanas
and she watched the fish as they splashed with their fins
Ela podia ver a lua e as estrelas brilhando fracamente
She could see the moon and stars shining faintly
mas de baixo da água essas coisas parecem diferentes
but from deep below the water these things look different

a lua e as estrelas pareciam maiores do que são aos nossos olhos
the moon and stars looked larger than they do to our eyes
às vezes, algo como uma nuvem negra passava
sometimes, something like a black cloud went past
ela sabia que poderia ser uma baleia nadando sobre sua cabeça
she knew that it could be a whale swimming over her head
ou poderia ser um navio, cheio de seres humanos
or it could be a ship, full of human beings
seres humanos que não conseguiam imaginar o que havia sob eles
human beings who couldn't imagine what was under them
uma linda pequena sereia estendendo suas mãos brancas
a pretty little mermaid holding out her white hands
uma linda sereiazinha se aproximando do navio
a pretty little mermaid reaching towards their ship

As irmãs da pequena sereia
The Little Mermaid's Sisters

Chegou o dia em que a sereia mais velha fez quinze anos
The day came when the eldest mermaid had her fifteenth birthday
agora ela foi autorizada a subir à superfície do oceano
now she was allowed to rise to the surface of the ocean
e naquela noite ela nadou até a superfície
and that night she swum up to the surface
você pode imaginar todas as coisas que ela viu lá em cima
you can imagine all the things she saw up there
e você pode imaginar todas as coisas que ela tinha para falar
and you can imagine all the things she had to talk about
Mas a melhor coisa, ela disse, era deitar-se num banco de areia
But the finest thing, she said, was to lie on a sand bank
no mar tranquilo iluminado pela lua, perto da costa
in the quiet moonlit sea, near the shore
de lá ela olhou para as luzes na terra
from there she had gazed at the lights on the land
elas eram as luzes da cidade vizinha
they were the lights of the near-by town
as luzes brilhavam como centenas de estrelas
the lights had twinkled like hundreds of stars
ela tinha ouvido os sons da música da cidade
she had listened to the sounds of music from the town
ela tinha ouvido barulho de carruagens puxadas por cavalos
she had heard noise of carriages drawn by their horses
e ela tinha ouvido as vozes dos seres humanos
and she had heard the voices of human beings
e ouviram o alegre repicar dos sinos
and the had heard merry pealing of the bells
os sinos tocando nas torres da igreja
the bells ringing in the church steeples

mas ela não conseguia chegar perto de todas essas coisas maravilhosas
but she could not go near all these wonderful things
então ela ansiava ainda mais por essas coisas maravilhosas
so she longed for these wonderful things all the more

você pode imaginar o quão ansiosamente a irmã mais nova ouvia
you can imagine how eagerly the youngest sister listened
as descrições do mundo superior eram como um sonho
the descriptions of the upper world were like a dream
depois ela ficou na janela aberta de seu quarto
afterwards she stood at the open window of her room
e ela olhou para a superfície, através da água azul escura
and she looked to the surface, through the dark-blue water
ela pensou na grande cidade que sua irmã lhe havia falado
she thought of the great city her sister had told her of
a grande cidade com toda a sua agitação e barulho
the great city with all its bustle and noise
ela até imaginou que podia ouvir o som dos sinos
she even fancied she could hear the sound of the bells
ela imaginou o som dos sinos levados às profundezas do mar
she imagined the sound of the bells carried to the depths of the sea

depois de mais um ano a segunda irmã fez aniversário
after another year the second sister had her birthday
ela também recebeu permissão para nadar até a superfície
she too received permission to swim up to the surface
e de lá ela poderia nadar onde quisesse
and from there she could swim about where she pleased
Ela foi à superfície quando o sol estava se pondo
She had gone to the surface just as the sun was setting
esta, ela disse, era a visão mais linda de todas
this, she said, was the most beautiful sight of all
Todo o céu parecia um disco de ouro puro

The whole sky looked like a disk of pure gold
e havia nuvens violetas e rosas
and there were violet and rose-colored clouds
elas eram lindas demais para descrever, ela disse
they were too beautiful to describe, she said
e ela disse como as nuvens se moveram pelo céu
and she said how the clouds drifted across the sky
e algo passou mais rápido que as nuvens
and something had flown by more swiftly than the clouds
um grande bando de cisnes selvagens voou em direção ao sol poente
a large flock of wild swans flew toward the setting sun
os cisnes eram como um longo véu branco sobre o mar
the swans had been like a long white veil across the sea
Ela também tentou nadar em direção ao sol
She had also tried to swim towards the sun
mas a alguma distância o sol se pôs nas ondas
but some distance away the sun sank into the waves
ela viu como os tons rosados desbotavam das nuvens
she saw how the rosy tints faded from the clouds
e ela viu como a cor também havia desbotado do mar
and she saw how the colour had also faded from the sea

no ano seguinte foi a vez da terceira irmã
the next year it was the third sister's turn
essa irmã era a mais ousada de todas as irmãs
this sister was the most daring of all the sisters
ela nadou rio acima que desaguava no mar
she swam up a broad river that emptied into the sea
Nas margens do rio ela viu colinas verdes
On the banks of the river she saw green hills
as colinas verdes estavam cobertas de belas vinhas
the green hills were covered with beautiful vines
e nas colinas havia florestas de árvores
and on the hills there were forests of trees
e das florestas surgiam palácios e castelos

and out of the forests palaces and castles poked out
Ela ouviu pássaros cantando nas árvores
She had heard birds singing in the trees
e ela sentiu os raios do sol em sua pele
and she had felt the rays of the sun on her skin
os raios eram tão fortes que ela teve que mergulhar de volta
the rays were so strong that she had to dive back
e ela esfriou seu rosto em chamas na água fria
and she cooled her burning face in the cool water
Em um riacho estreito ela encontrou um grupo de crianças pequenas
In a narrow creek she found a group of little children
eles foram as primeiras crianças humanas que ela já viu
they were the first human children she had ever seen
Ela queria brincar com as crianças também
She wanted to play with the children too
mas as crianças fugiram dela com grande medo
but the children fled from her in a great fright
e então um pequeno animal preto veio até a água
and then a little black animal came to the water
era um cachorro, mas ela não sabia que era um cachorro
it was a dog, but she did not know it was a dog
porque ela nunca tinha visto um cachorro antes
because she had never seen a dog before
e o cachorro latiu furiosamente para a sereia
and the dog barked at the mermaid furiously
ela ficou assustada e correu de volta para o mar aberto
she became frightened and rushed back to the open sea
Mas ela disse que nunca deveria esquecer a bela floresta
But she said she should never forget the beautiful forest
as colinas verdes e as crianças bonitas
the green hills and the pretty children
ela achou excepcionalmente engraçado como eles nadavam
she found it exceptionally funny how they swam
porque as criancinhas humanas não tinham cauda
because the little human children didn't have tails

então com suas perninhas eles chutavam a água
so with their little legs they kicked the water

A quarta irmã era mais tímida que a última
The fourth sister was more timid than the last
Ela decidiu ficar no meio do mar
She had decided to stay in the midst of the sea
mas ela disse que era tão bonito lá quanto mais perto da terra
but she said it was as beautiful there as nearer the land
da superfície ela podia ver muitos quilômetros ao seu redor
from the surface she could see many miles around her
o céu acima dela parecia um sino de vidro
the sky above her looked like a bell of glass
e ela tinha visto os navios passarem
and she had seen the ships sail by
mas os navios estavam a uma distância muito grande dela
but the ships were at a very great distance from her
e, com suas velas, os navios pareciam gaivotas
and, with their sails, the ships looked like sea gulls
ela viu como os golfinhos brincavam nas ondas
she saw how the dolphins played in the waves
e grandes baleias jorravam água de suas narinas
and great whales spouted water from their nostrils
como cem fontes todas brincando juntas
like a hundred fountains all playing together

O aniversário da quinta irmã ocorreu no inverno
The fifth sister's birthday occurred in the winter
então ela viu coisas que os outros não tinham visto
so she saw things that the others had not seen
nessa época do ano o mar parecia verde
at this time of the year the sea looked green
grandes icebergs flutuavam na água verde
large icebergs were floating on the green water
e cada iceberg parecia uma pérola, ela disse

and each iceberg looked like a pearl, she said
mas eram maiores e mais altas que as igrejas
but they were larger and loftier than the churches
e eram das formas mais interessantes
and they were of the most interesting shapes
e cada iceberg brilhava como diamantes
and each iceberg glittered like diamonds
Ela sentou-se em um dos icebergs
She had seated herself on one of the icebergs
e ela deixou o vento brincar com seus longos cabelos
and she let the wind play with her long hair
Ela notou algo interessante sobre os navios
She noticed something interesting about the ships
todos os navios passaram pelos icebergs muito rapidamente
all the ships sailed past the icebergs very rapidly
e eles se afastaram o máximo que puderam
and they steered away as far as they could
era como se tivessem medo do iceberg
it was as if they were afraid of the iceberg
ela ficou no mar até a noite
she stayed out at sea into the evening
o sol se pôs e nuvens escuras cobriram o céu
the sun went down and dark clouds covered the sky
o trovão rolou através do oceano de icebergs
the thunder rolled across the ocean of icebergs
e os relâmpagos brilhavam vermelhos nos icebergs
and the flashes of lightning glowed red on the icebergs
e os icebergs foram jogados pelo mar agitado
and the icebergs were tossed about by the heaving sea
as velas de todos os navios tremiam de medo
the sails of all the ships were trembling with fear
e a sereia sentou-se calmamente no iceberg flutuante
and the mermaid sat calmly on the floating iceberg
e ela viu o raio cair no mar
and she watched the lightning strike into the sea

Todas as suas cinco irmãs mais velhas já tinham crescido
All of her five older sisters had grown up now
portanto eles poderiam ir à superfície quando quisessem
therefore they could go to the surface when they pleased
no início eles ficaram encantados com o mundo da superfície
at first they were delighted with the surface world
eles não se cansavam das novas e belas paisagens
they couldn't get enough of the new and beautiful sights
mas eventualmente todos eles se tornaram indiferentes ao mundo superior
but eventually they all grew indifferent towards the upper world
e depois de um mês eles não visitavam mais o mundo da superfície com muita frequência
and after a month they didn't visit the surface world much at all anymore
eles disseram à irmã que era muito mais bonito em casa
they told their sister it was much more beautiful at home

No entanto, muitas vezes, nas horas da noite, eles subiam
Yet often, in the evening hours, they did go up
as cinco irmãs entrelaçaram os braços uma na outra
the five sisters twined their arms round each other
e juntos, de braços dados, eles subiram à superfície
and together, arm in arm, they rose to the surface
muitas vezes eles subiam quando havia uma tempestade se aproximando
often they went up when there was a storm approaching
eles temiam que a tempestade pudesse ganhar um navio
they feared that the storm might win a ship
então eles nadaram até o navio e cantaram para os marinheiros
so they swam to the vessel and sung to the sailors
Suas vozes eram mais encantadoras do que as de qualquer ser humano
Their voices were more charming than that of any human

e imploraram aos viajantes que não temessem se afundassem
and they begged the voyagers not to fear if they sank
porque as profundezas do mar estavam cheias de delícias
because the depths of the sea was full of delights
Mas os marinheiros não conseguiam entender suas canções
But the sailors could not understand their songs
e eles pensaram que seu canto era o suspiro da tempestade
and they thought their singing was the sighing of the storm
portanto suas canções nunca foram bonitas para os marinheiros
therefore their songs were never beautiful to the sailors
porque se o navio afundasse os homens se afogariam
because if the ship sank the men would drown
os mortos não ganharam nada do palácio do Rei do Mar
the dead gained nothing from the palace of the Sea King
mas sua irmã mais nova foi deixada no fundo do mar
but their youngest sister was left at the bottom of the sea
olhando para eles, ela estava pronta para chorar
looking up at them, she was ready to cry
você deveria saber que sereias não têm lágrimas para chorar
you should know mermaids have no tears that they can cry
então a dor e o sofrimento dela eram mais agudos que os nossos
so her pain and suffering was more acute than ours
"Oh, eu queria ter quinze anos também!" disse ela
"Oh, I wish I was also fifteen years old!" said she
"Eu sei que amarei o mundo lá em cima"
"I know that I shall love the world up there"
"e amarei todas as pessoas que vivem naquele mundo"
"and I shall love all the people who live in that world"

O Aniversário da Pequena Sereia
The Little Mermaid's Birthday

mas, finalmente, ela também chegou ao seu décimo quinto aniversário
but, at last, she too reached her fifteenth birthday
"Bem, agora você está crescida", disse sua avó
"Well, now you are grown up," said her grandmother
"Venha, e deixe-me adorná-la como suas irmãs"
"Come, and let me adorn you like your sisters"
E ela colocou uma coroa de lírios brancos em seu cabelo
And she placed a wreath of white lilies in her hair
cada pétala dos lírios era meia pérola
every petal of the lilies was half a pearl
Então, a velha senhora ordenou que oito grandes ostras viessem
Then, the old lady ordered eight great oysters to come
as ostras se prenderam ao rabo da princesa
the oysters attached themselves to the tail of the princess
sob o mar ostras são usadas para mostrar sua classificação
under the sea oysters are used to show your rank
"Mas as ostras me machucam tanto", disse a pequena sereia
"But the oysters hurt me so," said the little mermaid
"Sim, eu sei que ostras machucam", respondeu a velha senhora
"Yes, I know oysters hurt," replied the old lady
"mas você sabe muito bem que o orgulho deve sofrer dor"
"but you know very well that pride must suffer pain"
como ela teria alegremente se livrado de toda essa grandeza
how gladly she would have shaken off all this grandeur
ela adoraria deixar de lado a pesada coroa de flores!
she would have loved to lay aside the heavy wreath!
ela pensou nas flores vermelhas em seu próprio jardim
she thought of the red flowers in her own garden
as flores vermelhas teriam ficado muito melhor nela
the red flowers would have suited her much better

Mas ela não conseguia se transformar em outra coisa
But she could not change herself into something else
então ela se despediu de sua avó e irmãs
so she said farewell to her grandmother and sisters
e, tão levemente quanto uma bolha, ela subiu à superfície
and, as lightly as a bubble, she rose to the surface

O sol tinha acabado de se pôr quando ela levantou a cabeça acima das ondas
The sun had just set when she raised her head above the waves
As nuvens estavam tingidas de vermelho e dourado pelo pôr do sol
The clouds were tinted with crimson and gold from the sunset
e através do crepúsculo cintilante brilhou a estrela da tarde
and through the glimmering twilight beamed the evening star
O mar estava calmo e o ar marinho era suave e fresco
The sea was calm, and the sea air was mild and fresh
Um grande navio com três mastros jazia calmamente na água
A large ship with three masts lay lay calmly on the water
apenas uma vela foi içada, pois nenhuma brisa se moveu
only one sail was set, for not a breeze stirred
e os marinheiros ficavam sentados ociosos no convés, ou em meio ao cordame
and the sailors sat idle on deck, or amidst the rigging
Havia música e canções a bordo do navio
There was music and songs on board of the ship
quando a escuridão chegou, cem lanternas coloridas foram acesas
as darkness came a hundred colored lanterns were lighted
era como se as bandeiras de todas as nações tremulassem no ar
it was as if the flags of all nations waved in the air

A pequena sereia nadou perto das janelas da cabine
The little mermaid swam close to the cabin windows

de vez em quando as ondas do mar a levantavam
now and then the waves of the sea lifted her up
ela podia olhar através das vidraças
she could look in through the glass window-panes
e ela podia ver várias pessoas vestidas de forma curiosa
and she could see a number of curiously dressed people
Entre as pessoas que ela podia ver havia um jovem príncipe
Among the people she could see there was a young prince
o príncipe era o mais bonito de todos
the prince was the most beautiful of them all
ela nunca tinha visto ninguém com olhos tão lindos
she had never seen anyone with such beautiful eyes
era a comemoração do seu décimo sexto aniversário
it was the celebration of his sixteenth birthday
Os marinheiros estavam dançando no convés do navio
The sailors were dancing on the deck of the ship
todos aplaudiram quando o príncipe saiu da cabine
all cheered when the prince came out of the cabin
e mais de cem foguetes subiram ao ar
and more than a hundred rockets rose into the air
por algum tempo os fogos de artifício deixaram o céu tão claro quanto o dia
for some time the fireworks made the sky as bright as day
é claro que nossa jovem sereia nunca tinha visto fogos de artifício antes
of course our young mermaid had never seen fireworks before
assustada com todo o barulho, ela voltou para debaixo d'água
startled by all the noise, she went back under the water
mas logo ela novamente esticou a cabeça
but soon she again stretched out her head
era como se todas as estrelas do céu estivessem caindo ao seu redor
it was as if all the stars of heaven were falling around her
esplêndidos vaga-lumes voaram para o ar azul
splendid fireflies flew up into the blue air

e tudo se refletia no mar límpido e calmo
and everything was reflected in the clear, calm sea
O próprio navio estava intensamente iluminado por toda a luz
The ship itself was brightly illuminated by all the light
ela podia ver todas as pessoas e até mesmo a menor corda
she could see all the people and even the smallest rope
Como o jovem príncipe estava bonito agradecendo aos seus convidados!
How handsome the young prince looked thanking his guests!
e a música ressoou no ar claro da noite!
and the music resounded through the clear night air!

as comemorações de aniversário duraram até tarde da noite
the birthday celebrations lasted late into the night
mas a pequena sereia não conseguia tirar os olhos do navio
but the little mermaid could not take her eyes from the ship
nem conseguia tirar os olhos do belo príncipe
nor could she take her eyes from the beautiful prince
As lanternas coloridas já estavam apagadas
The colored lanterns had now been extinguished
e não havia mais foguetes que subiam no ar
and there were no more rockets that rose into the air
o canhão do navio também havia parado de disparar
the cannon of the ship had also ceased firing
mas agora era o mar que ficava inquieto
but now it was the sea that became restless
um som de gemido e resmungo podia ser ouvido sob as ondas
a moaning, grumbling sound could be heard beneath the waves
e ainda assim, a pequena sereia permaneceu na janela da cabine
and yet, the little mermaid remained by the cabin window
ela estava balançando para cima e para baixo na água
she was rocking up and down on the water

para que ela pudesse continuar olhando para dentro do navio
so that she could keep looking into the ship
Depois de um tempo as velas foram rapidamente içadas
After a while the sails were quickly set
e o navio seguiu seu caminho de volta ao porto
and the ship went on her way back to port

Mas logo as ondas subiram cada vez mais
But soon the waves rose higher and higher
nuvens escuras e pesadas escureceram o céu noturno
dark, heavy clouds darkened the night sky
e apareceram relâmpagos à distância
and there appeared flashes of lightning in the distance
não muito longe uma terrível tempestade se aproximava
not far away a dreadful storm was approaching
Mais uma vez as velas foram baixadas contra o vento
Once more the sails were lowered against the wind
e o grande navio seguiu seu curso sobre o mar revolto
and the great ship pursued her course over the raging sea
As ondas subiram tão alto quanto as montanhas
The waves rose as high as the mountains
alguém poderia pensar que as ondas iriam levar o navio
one would have thought the waves were going to have the ship
mas o navio mergulhou como um cisne entre as ondas
but the ship dived like a swan between the waves
então ela se ergueu novamente em suas cristas altas e espumosas
then she rose again on their lofty, foaming crests
Para a pequena sereia isso era agradável de assistir
To the little mermaid this was pleasant to watch
mas não foi agradável para os marinheiros
but it was not pleasant for the sailors
o navio fez sons horríveis de gemidos e rangidos
the ship made awful groaning and creaking sounds

e as ondas quebravam no convés do navio repetidamente
and the waves broke over the deck of the ship again and again
as tábuas grossas cederam sob o açoite do mar
the thick planks gave way under the lashing of the sea
sob a pressão o mastro principal se partiu, como um junco
under the pressure the mainmast snapped asunder, like a reed
e, enquanto o navio estava virado de lado, a água invadiu
and, as the ship lay over on her side, the water rushed in

A pequena sereia percebeu que a tripulação estava em perigo
The little mermaid realized that the crew were in danger
a sua própria situação também não era isenta de perigos
her own situation wasn't without danger either
ela teve que evitar as vigas e tábuas espalhadas na água
she had to avoid the beams and planks scattered in the water
por um momento tudo se transformou em escuridão completa
for a moment everything turned into complete darkness
e a pequena sereia não conseguia ver onde estava
and the little mermaid could not see where she was
mas então um relâmpago revelou toda a cena
but then a flash of lightning revealed the whole scene
ela podia ver que todos ainda estavam a bordo do navio
she could see everyone was still on board of the ship
bem, todos estavam a bordo do navio, exceto o príncipe
well, everyone was on board of the ship, except the prince
o navio continuou seu caminho para a terra
the ship continued on its path to the land
e ela viu o príncipe afundar nas ondas profundas
and she saw the prince sink into the deep waves
por um momento isso a deixou mais feliz do que deveria
for a moment this made her happier than it should have
agora que ele estava no mar ela poderia estar com ele
now that he was in the sea she could be with him
Então ela se lembrou dos limites dos seres humanos

Then she remembered the limits of human beings
o povo da terra não pode viver na água
the people of the land cannot live in the water
se ele chegasse ao palácio ele já estaria morto
if he got to the palace he would already be dead
"Não, ele não deve morrer!" ela decidiu
"No, he must not die!" she decided
ela esqueceu qualquer preocupação com sua própria segurança
she forget any concern for her own safety
e ela nadou através das vigas e tábuas
and she swam through the beams and planks
duas vigas poderiam facilmente esmagá-la em pedaços
two beams could easily crush her to pieces
ela mergulhou fundo nas águas escuras
she dove deep under the dark waters
tudo subia e descia com as ondas
everything rose and fell with the waves
finalmente ela conseguiu alcançar o jovem príncipe
finally, she managed to reach the young prince
ele estava perdendo rapidamente a capacidade de nadar no mar tempestuoso
he was fast losing the power to swim in the stormy sea
Seus membros estavam começando a falhar
His limbs were starting to fail him
e seus lindos olhos estavam fechados
and his beautiful eyes were closed
ele teria morrido se a pequena sereia não tivesse vindo
he would have died had the little mermaid not come
Ela segurou a cabeça dele acima da água
She held his head above the water
e ela deixou as ondas levá-los para onde queriam
and she let the waves carry them where they wanted

De manhã a tempestade cessou
In the morning the storm had ceased

mas do navio não se via um único fragmento
but of the ship not a single fragment could be seen
O sol nasceu, vermelho e brilhante, saindo da água
The sun came up, red and shining, out of the water
os raios do sol tiveram um efeito curativo no príncipe
the sun's beams had a healing effect on the prince
o tom de saúde retornou às bochechas do príncipe
the hue of health returned to the prince's cheeks
mas apesar do sol, seus olhos permaneceram fechados
but despite the sun, his eyes remained closed
A sereia beijou sua testa alta e lisa
The mermaid kissed his high, smooth forehead
e ela acariciou seu cabelo molhado
and she stroked back his wet hair
Ele parecia-lhe a estátua de mármore em seu jardim
He seemed to her like the marble statue in her garden
então ela o beijou novamente e desejou que ele vivesse
so she kissed him again, and wished that he lived

Atualmente, eles avistaram terra
Presently, they came in sight of land
e ela viu altas montanhas azuis no horizonte
and she saw lofty blue mountains on the horizon
no topo das montanhas a neve branca repousava
on top of the mountains the white snow rested
como se um bando de cisnes estivesse deitado sobre as montanhas
as if a flock of swans were lying upon the mountains
Lindas florestas verdes estavam perto da costa
Beautiful green forests were near the shore
e ali perto havia um grande edifício
and close by there stood a large building
poderia ter sido uma igreja ou um convento
it could have been a church or a convent
mas ela ainda estava muito longe para ter certeza
but she was still too far away to be sure

No jardim cresciam laranjeiras e cidreiras
Orange and citron trees grew in the garden
e diante da porta havia palmeiras altas
and before the door stood lofty palms
O mar aqui formou uma pequena baía
The sea here formed a little bay
na baía a água estava quieta e parada
in the bay the water lay quiet and still
mas embora a água estivesse parada, era muito funda
but although the water was still, it was very deep
Ela nadou com o belo príncipe até a praia
She swam with the handsome prince to the beach
a praia estava coberta de areia branca e fina
the beach was covered with fine white sand
e na areia ela o deitou sob o sol quente
and on the sand she laid him in the warm sunshine
ela teve o cuidado de levantar a cabeça dele mais alto que o corpo
she took care to raise his head higher than his body
Então os sinos soaram do grande edifício branco
Then bells sounded from the large white building
algumas meninas entraram no jardim
some young girls came into the garden
A pequena sereia nadou para mais longe da costa
The little mermaid swam out farther from the shore
ela se escondeu entre algumas pedras altas na água
she hid herself among some high rocks in the water
ela cobriu a cabeça e o pescoço com a espuma do mar
she covered her head and neck with the foam of the sea
e ela observou para ver o que aconteceria com o pobre príncipe
and she watched to see what would become of the poor prince

Não demorou muito para que ela visse uma jovem se aproximando
It was not long before she saw a young girl approach

a jovem parecia assustada, a princípio
the young girl seemed frightened, at first
mas seu medo durou apenas um momento
but her fear only lasted for a moment
então ela trouxe várias pessoas
then she brought over a number of people
e a sereia viu que o príncipe voltou à vida
and the mermaid saw that the prince came to life again
ele sorriu para aqueles que estavam ao seu redor
he smiled upon those who stood around him
Mas para a pequena sereia o príncipe não enviou nenhum sorriso
But to the little mermaid the prince sent no smile
ele não sabia que foi ela quem o salvou
he knew not that it was her who had saved him
Isso deixou a pequena sereia muito triste
This made the little mermaid very sorrowful
e então ele foi levado para o grande edifício
and then he was led away into the great building
e a pequena sereia mergulhou na água
and the little mermaid dived down into the water
e ela voltou para o castelo de seu pai
and she returned to her father's castle

A Pequena Sereia Anseia pelo Mundo Superior
The Little Mermaid Longs for the Upper World

Ela sempre foi a mais silenciosa e pensativa das irmãs
She had always been the most silent and thoughtful of the sisters
e agora ela estava mais silenciosa e pensativa do que nunca
and now she was more silent and thoughtful than ever
Suas irmãs perguntaram o que ela tinha visto em sua primeira visita
Her sisters asked her what she had seen on her first visit
mas ela não podia contar nada a eles sobre o que tinha visto
but she could tell them nothing of what she had seen
Muitas tardes e manhãs ela retornou à superfície
Many an evening and morning she returned to the surface
e ela foi até o lugar onde havia deixado o príncipe
and she went to the place where she had left the prince
Ela viu as frutas amadurecerem no jardim
She saw the fruits in the garden ripen
e ela observou os frutos colhidos de suas árvores
and she watched the fruits gathered from their trees
ela observou a neve derreter no topo das montanhas
she watched the snow on the mountain tops melt away
mas em nenhuma de suas visitas ela viu o príncipe novamente
but on none of her visits did she see the prince again
e por isso ela sempre voltava mais triste do que quando partiu
and therefore she always returned more sorrowful than when she left

seu único conforto era sentar em seu próprio pequeno jardim
her only comfort was sitting in her own little garden
ela jogou os braços em volta da bela estátua de mármore
she flung her arms around the beautiful marble statue

a estátua que parecia exatamente com o príncipe
the statue which looked just like the prince
Ela desistiu de cuidar de suas flores
She had given up tending to her flowers
e seu jardim cresceu em confusão selvagem
and her garden grew in wild confusion
eles enrolaram as longas folhas e caules das flores ao redor das árvores
they twinied the long leaves and stems of the flowers around the trees
de modo que todo o jardim ficou escuro e sombrio
so that the whole garden became dark and gloomy

eventualmente ela não conseguiu mais suportar a dor
eventually she could bear the pain no longer
e ela contou a uma de suas irmãs tudo o que havia acontecido
and she told one of her sisters all that had happened
logo as outras irmãs ouviram o segredo
soon the other sisters heard the secret
e muito em breve seu segredo se tornou conhecido por várias empregadas
and very soon her secret became known to several maids
uma das empregadas tinha uma amiga que sabia sobre o príncipe
one of the maids had a friend who knew about the prince
Ela também viu o festival a bordo do navio
She had also seen the festival on board the ship
e ela lhes contou de onde o príncipe veio
and she told them where the prince came from
e ela lhes contou onde ficava seu palácio
and she told them where his palace stood

"Venha, irmãzinha", disseram as outras princesas
"Come, little sister," said the other princesses
eles entrelaçaram os braços e se levantaram juntos

they entwined their arms and rose up together
eles se aproximaram de onde ficava o palácio do príncipe
they went near to where the prince's palace stood
o palácio foi construído de pedra amarela brilhante
the palace was built of bright-yellow, shining stone
e o palácio tinha longos lances de degraus de mármore
and the palace had long flights of marble steps
um dos lances de escadas descia até o mar
one of the flights of steps reached down to the sea
Cúpulas douradas esplêndidas erguiam-se sobre o telhado
Splendid gilded cupolas rose over the roof
todo o edifício era cercado por pilares
the whole building was surrounded by pillars
e entre os pilares havia estátuas de mármore realistas
and between the pillars stood lifelike statues of marble
eles podiam ver através do cristal claro das janelas
they could see through the clear crystal of the windows
e eles poderiam olhar para os quartos nobres
and they could look into the noble rooms
cortinas e tapeçarias de seda caras penduradas no teto
costly silk curtains and tapestries hung from the ceiling
e as paredes estavam cobertas de belas pinturas
and the walls were covered with beautiful paintings
No centro do salão maior havia uma fonte
In the centre of the largest salon was a fountain
a fonte lançou seus jatos brilhantes bem alto
the fountain threw its sparkling jets high up
a água espirrou na cúpula de vidro do teto
the water splashed onto the glass cupola of the ceiling
e o sol brilhou através da água
and the sun shone in through the water
e a água espirrou nas plantas ao redor da fonte
and the water splashed on the plants around the fountain

Agora a pequena sereia sabia onde o príncipe morava
Now the little mermaid knew where the prince lived

então ela passou muitas noites naquelas águas
so she spent many a night in those waters
ela ficou mais corajosa do que suas irmãs tinham sido
she got more courageous than her sisters had been
e ela nadou muito mais perto da costa do que eles tinham
and she swam much nearer the shore than they had
uma vez ela subiu o canal estreito, sob a sacada de mármore
once she went up the narrow channel, under the marble balcony
a sacada projetava uma grande sombra sobre a água
the balcony threw a broad shadow on the water
Aqui ela se sentou e observou o jovem príncipe
Here she sat and watched the young prince
ele, é claro, pensou que estava sozinho sob o luar brilhante
he, of course, thought he was alone in the bright moonlight

Ela o via frequentemente à noite, navegando em um lindo barco
She often saw him in the evenings, sailing in a beautiful boat
a música soou do barco e as bandeiras tremulavam
music sounded from the boat and the flags waved
Ela espiou por entre os juncos verdes
She peeped out from among the green rushes
às vezes o vento pegava seu longo véu branco prateado
at times the wind caught her long silvery-white veil
aqueles que viram seu véu acreditaram que era um cisne
those who saw her veil believed it to be a swan
seu véu tinha toda a aparência de um cisne abrindo suas asas
her veil had all the appearance of a swan spreading its wings

Muitas noites, ela também observou os pescadores armando suas redes
Many a night, too, she watched the fishermen set their nets
eles lançam suas redes à luz de suas tochas
they cast their nets in the light of their torches
e ela os ouviu contar muitas coisas boas sobre o príncipe

and she heard them tell many good things about the prince
isso a deixou feliz por ter salvado a vida dele
this made her glad that she had saved his life
quando ele foi jogado meio morto nas ondas
when he was tossed around half dead on the waves
Ela se lembrou de como a cabeça dele repousava em seu peito
She remembered how his head had rested on her bosom
e ela se lembrou de quão calorosamente ela o beijou
and she remembered how heartily she had kissed him
mas ele não sabia nada de tudo o que tinha acontecido
but he knew nothing of all that had happened
o jovem príncipe não conseguia nem sonhar com a pequena sereia
the young prince could not even dream of the little mermaid

Ela passou a gostar cada vez mais dos seres humanos
She grew to like human beings more and more
ela desejava cada vez mais poder vagar pelo mundo deles
she wished more and more to be able to wander their world
o mundo deles parecia ser muito maior que o dela
their world seemed to be so much larger than her own
Eles poderiam voar sobre o mar em navios
They could fly over the sea in ships
e eles poderiam escalar as altas colinas muito acima das nuvens
and they could mount the high hills far above the clouds
em suas terras eles possuíam bosques e campos
in their lands they possessed woods and fields
a vegetação se estendia além do alcance de sua visão
the greenery stretched beyond the reach of her sight
Havia tanta coisa que ela queria saber!
There was so much that she wished to know!
mas suas irmãs não conseguiram responder a todas as suas perguntas
but her sisters were unable to answer all her questions

Ela então foi até sua velha avó em busca de respostas
She then went to her old grandmother for answers
a avó dela sabia tudo sobre o mundo superior
her grandmother knew all about the upper world
ela corretamente chamou este mundo de "as terras acima do mar"
she rightly called this world "the lands above the sea"

"Se os seres humanos não se afogarem, eles podem viver para sempre?"
"If human beings are not drowned, can they live forever?"
"Eles nunca morrem, como nós aqui no mar?"
"Do they never die, as we do here in the sea?"
"Sim, eles também morrem", respondeu a velha senhora
"Yes, they die too," replied the old lady
"como nós, eles também devem morrer", acrescentou sua avó
"like us, they must also die," added her grandmother
"e suas vidas são ainda mais curtas que as nossas"
"and their lives are even shorter than ours"
"Às vezes vivemos trezentos anos"
"We sometimes live for three hundred years"
"mas quando deixamos de existir aqui nos tornamos espuma"
"but when we cease to exist here we become foam"
"e flutuamos na superfície da água"
"and we float on the surface of the water"
"não temos sepulturas para aqueles que amamos"
"we do not have graves for those we love"
"e não temos almas imortais"
"and we have not immortal souls"
"depois que morrermos nunca mais viveremos"
"after we die we shall never live again"
"como a alga verde, uma vez cortada"
"like the green seaweed, once it has been cut off"
"depois que morremos, nunca mais podemos florescer"
"after we die, we can never flourish again"

"Os seres humanos, pelo contrário, têm almas"
"Human beings, on the contrary, have souls"
"mesmo depois de mortos suas almas vivem para sempre"
"even after they're dead their souls live forever"
"quando morremos nossos corpos viram espuma"
"when we die our bodies turn to foam"
"quando morrem seus corpos viram pó"
"when they die their bodies turn to dust"
"quando morremos, ressuscitamos através da água azul e límpida"
"when we die we rise through the clear, blue water"
"quando morrem, eles sobem através do ar puro e limpo"
"when they die they rise up through the clear, pure air"
"quando morremos não flutuamos além da superfície"
"when we die we float no further than the surface"
"mas quando morrem eles vão além das estrelas brilhantes"
"but when they die they go beyond the glittering stars"
"nós saímos da água para a superfície"
"we rise out of the water to the surface"
"e contemplamos toda a terra da terra"
"and we behold all the land of the earth"
"eles ascendem a regiões desconhecidas e gloriosas"
"they rise to unknown and glorious regions"
"regiões gloriosas e desconhecidas que nunca veremos"
"glorious and unknown regions which we shall never see"
a pequena sereia lamentou a falta de alma
the little mermaid mourned her lack of a soul
"Por que não temos almas imortais?" perguntou a pequena sereia
"Why have not we immortal souls?" asked the little mermaid
"Eu daria de bom grado todas as centenas de anos que tenho"
"I would gladly give all the hundreds of years that I have"
"Eu trocaria tudo para ser um ser humano por um dia"
"I would trade it all to be a human being for one day"
"Não consigo imaginar a esperança de conhecer tamanha felicidade"

"I can not imagine the hope of knowing such happiness"
"a felicidade daquele mundo glorioso acima das estrelas"
"the happiness of that glorious world above the stars"
"Você não deve pensar assim", disse a velha.
"You must not think that way," said the old woman
"Acreditamos que somos muito mais felizes que os humanos"
"We believe that we are much happier than the humans"
"e acreditamos que estamos muito melhor do que os seres humanos"
"and we believe we are much better off than human beings"

"Então eu morrerei", disse a pequena sereia
"So I shall die," said the little mermaid
"sendo a espuma do mar, serei lavado"
"being the foam of the sea, I shall be washed about"
"nunca mais ouvirei a música das ondas"
"never again will I hear the music of the waves"
"nunca mais verei as lindas flores"
"never again will I see the pretty flowers"
"nem nunca mais verei o sol vermelho"
"nor will I ever again see the red sun"
"Existe alguma coisa que eu possa fazer para ganhar uma alma imortal?"
"Is there anything I can do to win an immortal soul?"
"Não", disse a velha, "a menos que..."
"No," said the old woman, "unless..."
"só existe uma maneira de ganhar uma alma"
"there is just one way to gain a soul"
"um homem tem que te amar mais do que ama seu pai e sua mãe"
"a man has to love you more than he loves his father and mother"
"todos os seus pensamentos e amor devem estar fixos em você"
"all his thoughts and love must be fixed upon you"

"ele tem que prometer ser fiel a você aqui e no futuro"
"he has to promise to be true to you here and hereafter"
"o padre tem que colocar a mão direita dele na sua"
"the priest has to place his right hand in yours"
"então a alma do seu homem deslizaria para dentro do seu corpo"
"then your man's soul would glide into your body"
"você ganharia uma parte na felicidade futura da humanidade"
"you would get a share in the future happiness of mankind"
"Ele lhe daria uma alma e também manteria a sua"
"He would give to you a soul and retain his own as well"
"mas é impossível que isso aconteça"
"but it is impossible for this to ever happen"
"A cauda do seu peixe, entre nós, é considerada bonita"
"Your fish's tail, among us, is considered beautiful"
"mas na terra a cauda do seu peixe é considerada feia"
"but on earth your fish's tail is considered ugly"
"Os humanos não sabem nada melhor"
"The humans do not know any better"
"seu padrão de beleza é ter dois suportes robustos"
"their standard of beauty is having two stout props"
"esses dois suportes robustos que eles chamam de pernas"
"these two stout props they call their legs"
A pequena sereia suspirou diante do que parecia ser seu destino
The little mermaid sighed at what appeared to be her destiny
e ela olhou tristemente para o rabo do seu peixe
and she looked sorrowfully at her fish's tail
"Vamos ser felizes com o que temos", disse a velha senhora
"Let us be happy with what we have," said the old lady
"Vamos correr e saltar pelos trezentos anos"
"let us dart and spring about for the three hundred years"
"e trezentos anos realmente é tempo suficiente"
"and three hundred years really is quite long enough"
"Depois disso poderemos descansar melhor"

"After that we can rest ourselves all the better"
"Esta noite vamos ter um baile de quadra"
"This evening we are going to have a court ball"

Foi uma daquelas vistas esplêndidas que nunca poderemos ver na Terra
It was one of those splendid sights we can never see on earth
o baile da corte ocorreu em um grande salão de baile
the court ball took place in a large ballroom
As paredes e o teto eram de cristal transparente e espesso
The walls and the ceiling were of thick transparent crystal
Muitas centenas de conchas marinhas colossais estavam dispostas em fileiras de cada lado
Many hundreds of colossal sea shells stood in rows on each side
algumas conchas do mar eram vermelho-escuras, outras eram verde-grama
some of the sea shells were deep red, others were grass green
e cada uma das conchas do mar tinha um fogo azul dentro
and each of the sea shells had a blue fire in it
Esses fogos iluminavam todo o salão e os dançarinos
These fires lighted up the whole salon and the dancers
e as conchas do mar brilhavam através das paredes
and the sea shells shone out through the walls
para que o mar também fosse iluminado pela sua luz
so that the sea was also illuminated by their light
Inúmeros peixes, grandes e pequenos, nadavam
Innumerable fishes, great and small, swam past
algumas escamas dos peixes brilhavam com um brilho roxo
some of the fishes scales glowed with a purple brilliance
e outros peixes brilhavam como prata e ouro
and other fishes shone like silver and gold
Pelos corredores fluía um largo riacho
Through the halls flowed a broad stream
e no riacho dançavam os tritões e as sereias
and in the stream danced the mermen and the mermaids

eles dançaram ao som de sua própria doce canção
they danced to the music of their own sweet singing

Ninguém na terra tem vozes tão lindas como elas
No one on earth has such lovely voices as they
mas a pequena sereia cantava mais docemente que todas
but the little mermaid sang more sweetly than all
Toda a corte a aplaudiu com palmas e coroas
The whole court applauded her with hands and tails
e por um momento seu coração se sentiu muito feliz
and for a moment her heart felt quite happy
porque ela sabia que tinha a voz mais doce do mar
because she knew she had the sweetest voice in the sea
e ela sabia que tinha a voz mais doce da terra
and she knew she had the sweetest voice on land
Mas logo ela pensou novamente no mundo acima dela
But soon she thought again of the world above her
ela não conseguia esquecer o príncipe encantado
she could not forget the charming prince
isso a lembrou que ele tinha uma alma imortal
it reminded her that he had an immortal soul
e ela não conseguia esquecer que não tinha alma imortal
and she could not forget that she had no immortal soul
Ela saiu silenciosamente do palácio de seu pai
She crept away silently out of her father's palace
tudo dentro estava cheio de alegria e canção
everything within was full of gladness and song
mas ela estava sentada em seu pequeno jardim, triste e sozinha
but she sat in her own little garden, sorrowful and alone
Então ela ouviu a corneta soando através da água
Then she heard the bugle sounding through the water
e ela pensou: "Ele certamente está navegando acima"
and she thought, "He is certainly sailing above"
"ele, o belo príncipe, em quem meus desejos se concentram"
"he, the beautiful prince, in whom my wishes centre"

"aquele em cujas mãos eu gostaria de colocar minha felicidade"
"he, in whose hands I should like to place my happiness"
"Eu arriscarei tudo por ele para ganhar uma alma imortal"
"I will venture all for him to win an immortal soul"
"minhas irmãs estão dançando no palácio do meu pai"
"my sisters are dancing in my father's palace"
"mas eu irei para a bruxa do mar"
"but I will go to the sea witch"
"a bruxa do mar de quem sempre tive tanto medo"
"the sea witch of whom I have always been so afraid"
"mas a bruxa do mar pode me aconselhar e ajudar"
"but the sea witch can give me counsel, and help"

A Bruxa do Mar
The Sea Witch

Então a pequena sereia saiu do seu jardim
Then the little mermaid went out from her garden
e ela tomou o caminho para os redemoinhos espumantes
and she took the path to the foaming whirlpools
atrás dos redemoinhos espumantes vivia a feiticeira
behind the foaming whirlpools the sorceress lived
a pequena sereia nunca tinha passado por ali antes
the little mermaid had never gone that way before
Nem flores nem grama cresciam onde ela ia
Neither flowers nor grass grew where she was going
não havia nada além de solo arenoso, cinza e descoberto
there was nothing but bare, gray, sandy ground
esta terra árida se estendia até o redemoinho
this barren land stretched out to the whirlpool
a água era como rodas de moinho espumantes
the water was like foaming mill wheels
e os redemoinhos arrebataram tudo que estava ao seu alcance
and the whirlpools seized everything that came within reach
os redemoinhos lançam suas presas nas profundezas insondáveis
the whirlpools cast their prey into the fathomless deep
Por esses redemoinhos esmagadores ela teve que passar
Through these crushing whirlpools she had to pass
só então ela poderia alcançar os domínios da bruxa do mar
only then could she reach the dominions of the sea witch
depois disso veio um trecho de lama quente e borbulhante
after this came a stretch of warm, bubbling mire
a bruxa do mar chamou o lodo borbulhante de seu pântano de turfa
the sea witch called the bubbling mire her turf moor

Além de seu pântano de turfa ficava a casa da bruxa

Beyond her turf moor was the witch's house
a casa dela ficava no centro de uma floresta estranha
her house stood in the centre of a strange forest
nesta floresta todas as árvores e flores eram pólipos
in this forest all the trees and flowers were polypi
mas eram apenas metade vegetais; a outra metade era animal
but they were only half plant; the other half was animal
Pareciam serpentes com cem cabeças
They looked like serpents with a hundred heads
e cada serpente estava crescendo do chão
and each serpent was growing out of the ground
Seus galhos eram braços longos e viscosos
Their branches were long, slimy arms
e eles tinham dedos como vermes flexíveis
and they had fingers like flexible worms
cada um dos seus membros, da raiz ao topo, movia-se
each of their limbs, from the root to the top, moved
Eles se apoderaram de tudo o que podiam alcançar no mar
All that could be reached in the sea they seized upon
e o que eles pegaram eles seguraram firmemente
and what they caught they held on tightly to
para que o que eles pegassem nunca escapasse de suas garras
so that what they caught never escaped from their clutches

A pequena sereia ficou alarmada com o que viu
The little mermaid was alarmed at what she saw
ela ficou parada e seu coração batia de medo
she stood still and her heart beat with fear
Ela chegou muito perto de voltar atrás
She came very close to turning back
mas ela pensou no lindo príncipe
but she thought of the beautiful prince
e ela pensou na alma humana pela qual ansiava
and she thought of the human soul for which she longed
com esses pensamentos sua coragem retornou
with these thoughts her courage returned

Ela prendeu seus longos e soltos cabelos em volta da cabeça
She fastened her long, flowing hair round her head
para que os pólipos não pudessem agarrar seus cabelos
so that the polypi could not grab hold of her hair
e ela cruzou as mãos sobre o peito
and she crossed her hands across her bosom
e então ela disparou para frente como um peixe na água
and then she darted forward like a fish through the water
entre os braços e dedos sutis dos pólipos feios
between the subtle arms and fingers of the ugly polypi
os pólipos estavam estendidos de cada lado dela
the polypi were stretched out on each side of her
Ela viu que todos eles seguravam algo em suas mãos
She saw that they all held something in their grasp
algo que eles haviam agarrado com seus numerosos bracinhos
something they had seized with their numerous little arms
eles estavam segurando esqueletos brancos de seres humanos
they were holding white skeletons of human beings
marinheiros que pereceram no mar em tempestades
sailors who had perished at sea in storms
marinheiros que afundaram nas águas profundas
sailors who had sunk down into the deep waters
e havia esqueletos de animais terrestres
and there were skeletons of land animals
e havia remos, lemes e baús de navios
and there were oars, rudders, and chests of ships
Havia até uma pequena sereia que eles pegaram
There was even a little mermaid whom they had caught
a pobre sereia deve ter sido estrangulada pelas mãos
the poor mermaid must have been strangled by the hands
para ela isso parecia o mais chocante de tudo
to her this seemed the most shocking of all

finalmente, ela chegou a um espaço de terreno pantanoso na floresta
finally, she came to a space of marshy ground in the woods
aqui havia grandes cobras d'água gordas rolando na lama
here there were large fat water snakes rolling in the mire
as cobras mostraram seus corpos feios e de cor monótona
the snakes showed their ugly, drab-colored bodies
No meio deste local havia uma casa
In the midst of this spot stood a house
a casa foi construída com ossos de seres humanos naufragados
the house was built of the bones of shipwrecked human beings
e na casa estava sentada a bruxa do mar
and in the house sat the sea witch
ela estava deixando um sapo comer da sua boca
she was allowing a toad to eat from her mouth
assim como quando as pessoas alimentam um canário com pedaços de açúcar
just like when people feed a canary with pieces of sugar
Ela chamou as cobras d'água feias de suas galinhas
She called the ugly water snakes her little chickens
e ela deixou seus pintinhos rastejarem por todo o seu corpo
and she allowed her little chickens to crawl all over her

"Eu sei o que você quer", disse a bruxa do mar
"I know what you want," said the sea witch
"É muito estúpido da sua parte querer uma coisa dessas"
"It is very stupid of you to want such a thing"
"mas você terá o seu caminho, por mais estúpido que seja"
"but you shall have your way, however stupid it is"
"embora seu desejo lhe traga tristeza, minha linda princesa"
"though your wish will bring you to sorrow, my pretty princess"
"Você quer se livrar da cauda da sua sereia"
"You want to get rid of your mermaid's tail"

"e você quer ter dois tocos em vez disso"
"and you want to have two stumps instead"
"isso fará com que você se torne como os seres humanos na Terra"
"this will make you like the human beings on earth"
"e então o jovem príncipe pode se apaixonar por você"
"and then the young prince might fall in love with you"
"e então você poderá ter uma alma imortal"
"and then you might have an immortal soul"
a bruxa riu alto e repugnantemente
the witch laughed loud and disgustingly
o sapo e as cobras caíram no chão
the toad and the snakes fell to the ground
e eles ficaram lá se contorcendo no chão
and they lay there wriggling on the floor
"Você veio até mim bem na hora", disse a bruxa
"You came to me just in time," said the witch
"depois do nascer do sol amanhã seria tarde demais"
"after sunrise tomorrow it would have been too late"
"depois de amanhã eu não poderia te ajudar até o fim de mais um ano"
"after tomorrow I would not have been able to help you till the end of another year"
"Vou preparar uma poção para você"
"I will prepare a potion for you"
"nade até a terra amanhã, antes do nascer do sol"
"swim up to the land tomorrow, before sunrise"
"sente-se ali e beba a poção"
"seat yourself there and drink the potion"
"depois que você beber a poção sua cauda desaparecerá"
"after you drink the potion your tail will disappear"
"e então você terá o que os homens chamam de pernas"
"and then you will have what men call legs"

"todos dirão que você é a garota mais bonita do mundo"
"all will say you are the prettiest girl in the world"

"mas para isso você terá que suportar grande dor"
"but for this you will have to endure great pain"
"será como se uma espada estivesse atravessando você"
"it will be as if a sword were passing through you"
"Você ainda terá a mesma graciosidade de movimentos"
"You will still have the same gracefulness of movement"
"será como se você estivesse flutuando sobre o chão"
"it will be as if you are floating over the ground"
"e nenhum dançarino jamais pisará tão levemente quanto você"
"and no dancer will ever tread as lightly as you"
"mas cada passo que você der lhe causará grande dor"
"but every step you take will cause you great pain"
"será como se você estivesse pisando em facas afiadas"
"it will be as if you were treading upon sharp knives"
"Se você suportar todo esse sofrimento, eu te ajudarei"
"If you bear all this suffering, I will help you"
a pequena sereia pensou no príncipe
the little mermaid thought of the prince
e ela pensou na felicidade de uma alma imortal
and she thought of the happiness of an immortal soul
"Sim, eu vou", disse a princesinha
"Yes, I will," said the little princess
mas, como você pode imaginar, sua voz tremia de medo
but, as you can imagine, her voice trembled with fear

"não tenha pressa nisso", disse a bruxa
"do not rush into this," said the witch
"uma vez que você é moldado como um humano, você nunca mais pode retornar"
"once you are shaped like a human, you can never return"
"e você nunca mais tomará a forma de uma sereia"
"and you will never again take the form of a mermaid"
"Você nunca retornará através da água para suas irmãs"
"You will never return through the water to your sisters"
"nem você nunca mais irá ao palácio de seu pai"

"nor will you ever go to your father's palace again"
"você terá que conquistar o amor do príncipe"
"you will have to win the love of the prince"
"ele deve estar disposto a esquecer seu pai e sua mãe por você"
"he must be willing to forget his father and mother for you"
"e ele deve te amar com toda a sua alma"
"and he must love you with all of his soul"
"o padre deve juntar as mãos"
"the priest must join your hands together"
"e ele deve fazer de vocês marido e mulher em santo matrimônio"
"and he must make you man and wife in holy matrimony"
"só então você terá uma alma imortal"
"only then will you have an immortal soul"
"mas você nunca deve permitir que ele se case com outra mulher"
"but you must never allow him to marry another woman"
"na manhã seguinte ao casamento dele com outra mulher, seu coração vai se partir"
"the morning after he marries another woman, your heart will break"
"e você se tornará espuma na crista das ondas"
"and you will become foam on the crest of the waves"
a pequena sereia ficou pálida como a morte
the little mermaid became as pale as death
"Eu farei isso", disse a pequena sereia
"I will do it," said the little mermaid

"Mas eu também devo ser paga", disse a bruxa
"But I must be paid, also," said the witch
"e não é nada que eu peço"
"and it is not a trifle that I ask for"
"Você tem a voz mais doce de todos os que moram aqui"
"You have the sweetest voice of any who dwell here"
"você acredita que pode encantar o príncipe com sua voz"

"you believe that you can charm the prince with your voice"
"Mas sua linda voz você deve me dar"
"But your beautiful voice you must give to me"
"A melhor coisa que você possui é o preço da minha poção"
"The best thing you possess is the price of my potion"
"a poção deve ser misturada com meu próprio sangue"
"the potion must be mixed with my own blood"
"só essa mistura torna a poção tão afiada quanto uma espada de dois gumes"
"only this mixture makes the potion as sharp as a two-edged sword"

a pequena sereia tentou se opor ao custo
the little mermaid tried to object to the cost
"Mas se você tirar minha voz..." disse a pequena sereia
"But if you take away my voice..." said the little mermaid
"se você tirar minha voz, o que restará para mim?"
"if you take away my voice, what is left for me?"
"Sua bela forma", sugeriu a bruxa do mar
"Your beautiful form," suggested the sea witch
"seu andar gracioso e seus olhos expressivos"
"your graceful walk, and your expressive eyes"
"Certamente, com essas coisas você pode acorrentar o coração de um homem?"
"Surely, with these things you can enchain a man's heart?"
"Bem, você perdeu a coragem?" perguntou a bruxa do mar
"Well, have you lost your courage?" the sea witch asked
"Coloque sua pequena língua para fora, para que eu possa cortá-la"
"Put out your little tongue, so that I can cut it off"
"então você terá a poção poderosa"
"then you shall have the powerful potion"
"Será", disse a pequena sereia
"It shall be," said the little mermaid

Então a bruxa colocou seu caldeirão no fogo

Then the witch placed her cauldron on the fire
"A limpeza é uma coisa boa", disse a bruxa do mar
"Cleanliness is a good thing," said the sea witch
ela vasculhou os vasos em busca da cobra certa
she scoured the vessels for the right snake
todas as cobras foram amarradas juntas em um grande nó
all the snakes had been tied together in a large knot
Então ela se furou no peito
Then she pricked herself in the breast
e ela deixou o sangue preto cair no caldeirão
and she let the black blood drop into the caldron
O vapor que subia se contorcia em formas horríveis
The steam that rose twisted itself into horrible shapes
ninguém conseguia olhar para as formas sem medo
no person could look at the shapes without fear
A cada momento a bruxa jogava novos ingredientes no recipiente
Every moment the witch threw new ingredients into the vessel
finalmente, com tudo dentro, o caldeirão começou a ferver
finally, with everything inside, the caldron began to boil
havia um som como o choro de um crocodilo
there was the sound like the weeping of a crocodile
e finalmente a poção mágica estava pronta
and at last the magic potion was ready
apesar dos seus ingredientes, a poção parecia a água mais límpida
despite its ingredients, the potion looked like the clearest water
"Aí está, tudo para você", disse a bruxa
"There it is, all for you," said the witch
e então ela cortou a língua da pequena sereia
and then she cut off the little mermaid's tongue
para que a pequena sereia nunca mais pudesse falar, nem cantar novamente
so that the little mermaid could never again speak, nor sing again

"os pólipos podem tentar agarrá-lo na saída"
"the polypi might try and grab you on the way out"
"se tentarem, jogue sobre eles algumas gotas da poção"
"if they try, throw over them a few drops of the potion"
"e seus dedos serão rasgados em mil pedaços"
"and their fingers will be torn into a thousand pieces"
Mas a pequena sereia não precisava fazer isso
But the little mermaid had no need to do this
os pólipos pularam de terror quando a viram
the polypi sprang back in terror when they saw her
eles viram que ela havia perdido a língua para a bruxa do mar
they saw she had lost her tongue to the sea witch
e eles viram que ela estava carregando a poção
and they saw she was carrying the potion
a poção brilhou em sua mão como uma estrela cintilante
the potion shone in her hand like a twinkling star

Então ela passou rapidamente pela floresta e pelo pântano
So she passed quickly through the wood and the marsh
e ela passou entre os redemoinhos apressados
and she passed between the rushing whirlpools
logo ela retornou ao palácio de seu pai
soon she made her way back to the palace of her father
todas as tochas do salão de baile foram apagadas
all the torches in the ballroom were extinguished
todos dentro do palácio devem estar dormindo agora
all within the palace must now be asleep
Mas ela não entrou para vê-los
But she did not go inside to see them
ela sabia que iria deixá-los para sempre
she knew she was going to leave them forever
e ela sabia que seu coração se partiria se ela os visse
and she knew her heart would break if she saw them
ela foi ao jardim uma última vez
she went into the garden one last time

e ela pegou uma flor de cada uma de suas irmãs
and she took a flower from each one of her sisters
e então ela surgiu através das águas azul-escuras
and then she rose up through the dark-blue waters

A Pequena Sereia Conhece o Príncipe
The Little Mermaid Meets the Prince

a pequena sereia chegou ao palácio do príncipe
the little mermaid arrived at the prince's palace
o sol ainda não havia nascido do mar
the sun had not yet risen from the sea
e a lua brilhava clara e forte na noite
and the moon shone clear and bright in the night
a pequena sereia sentou-se nos lindos degraus de mármore
the little mermaid sat at the beautiful marble steps
e então a pequena sereia bebeu a poção mágica
and then the little mermaid drank the magic potion
ela sentiu o corte de uma espada de dois gumes cortando-a
she felt the cut of a two-edged sword cut through her
e ela caiu em um desmaio, e ficou como uma morta
and she fell into a swoon, and lay like one dead
o sol nasceu do mar e brilhou sobre a terra
the sun rose from the sea and shone over the land
ela se recuperou e sentiu a dor do corte
she recovered and felt the pain from the cut
mas diante dela estava o belo e jovem príncipe
but before her stood the handsome young prince

Ele fixou seus olhos negros como carvão na pequena sereia
He fixed his coal-black eyes upon the little mermaid
ele olhou tão seriamente que ela baixou os olhos
he looked so earnestly that she cast down her eyes
e então ela percebeu que a cauda do seu peixe havia sumido
and then she became aware that her fish's tail was gone
ela viu que tinha o mais lindo par de pernas brancas
she saw that she had the prettiest pair of white legs
e ela tinha pés minúsculos, como qualquer pequena donzela teria
and she had tiny feet, as any little maiden would have
Mas, tendo vindo do mar, ela não tinha roupas

But, having come from the sea, she had no clothes
então ela se enrolou em seu cabelo longo e grosso
so she wrapped herself in her long, thick hair
O príncipe perguntou quem ela era e de onde ela vinha
The prince asked her who she was and whence she came
Ela olhou para ele com ternura e tristeza
She looked at him mildly and sorrowfully
mas ela teve que responder com seus profundos olhos azuis
but she had to answer with her deep blue eyes
porque a pequena sereia não conseguia mais falar
because the little mermaid could not speak anymore
Ele a pegou pela mão e a levou até o palácio
He took her by the hand and led her to the palace

Cada passo que ela dava era como a bruxa havia dito que seria
Every step she took was as the witch had said it would be
ela sentiu como se estivesse pisando em facas afiadas
she felt as if she were treading upon sharp knives
Ela suportou a dor de seu desejo de bom grado, no entanto
She bore the pain of her wish willingly, however
e ela se movia ao lado do príncipe tão levemente quanto uma bolha
and she moved at the prince's side as lightly as a bubble
todos que a viam se maravilhavam com seus movimentos graciosos e oscilantes
all who saw her wondered at her graceful, swaying movements
Ela logo foi vestida com roupas caras de seda e musselina
She was very soon arrayed in costly robes of silk and muslin
e ela era a criatura mais linda do palácio
and she was the most beautiful creature in the palace
mas ela parecia muda e não conseguia falar nem cantar
but she appeared dumb, and could neither speak nor sing

havia belas escravas, vestidas de seda e ouro

there were beautiful female slaves, dressed in silk and gold
eles deram um passo à frente e cantaram na frente da família real
they stepped forward and sang in front of the royal family
cada escravo podia cantar melhor que o outro
each slave could sing better than the next one
e o príncipe bateu palmas e sorriu para ela
and the prince clapped his hands and smiled at her
Isso foi uma grande tristeza para a pequena sereia
This was a great sorrow to the little mermaid
ela sabia o quanto mais docemente ela era capaz de cantar
she knew how much more sweetly she was able to sing
"se ele soubesse que dei minha voz para estar com ele!"
"if only he knew I have given away my voice to be with him!"

havia música sendo tocada por uma orquestra
there was music being played by an orchestra
e os escravos realizaram algumas danças bonitas e mágicas
and the slaves performed some pretty, fairy-like dances
Então a pequena sereia levantou seus lindos braços brancos
Then the little mermaid raised her lovely white arms
ela ficou na ponta dos pés como uma bailarina
she stood on the tips of her toes like a ballerina
e ela deslizou sobre o chão como um pássaro sobre a água
and she glided over the floor like a bird over water
e ela dançou como ninguém jamais havia dançado
and she danced as no one yet had been able to dance
A cada momento sua beleza se revelava mais
At each moment her beauty was more revealed
o mais atraente de tudo, para o coração, eram seus olhos expressivos
most appealing of all, to the heart, were her expressive eyes
Todos ficaram encantados por ela, principalmente o príncipe
Everyone was enchanted by her, especially the prince
o príncipe a chamou de sua pequena enjeitada surda
the prince called her his deaf little foundling

e ela continuou a dançar alegremente, para agradar ao príncipe
and she happily continued to dance, to please the prince
mas devemos lembrar da dor que ela suportou para o prazer dele
but we must remember the pain she endured for his pleasure
cada passo no chão parecia como se ela pisasse em facas afiadas
every step on the floor felt as if she trod on sharp knives

O príncipe disse que ela deveria permanecer com ele sempre
The prince said she should remain with him always
e ela recebeu permissão para dormir na porta dele
and she was given permission to sleep at his door
eles trouxeram uma almofada de veludo para ela se deitar
they brought a velvet cushion for her to lie on
e o príncipe mandou fazer um vestido de pajem para ela
and the prince had a page's dress made for her
assim ela poderia acompanhá-lo a cavalo
this way she could accompany him on horseback
Eles cavalgaram juntos pela floresta de doce perfume
They rode together through the sweet-scented woods
na floresta os galhos verdes tocavam seus ombros
in the woods the green branches touched their shoulders
e os passarinhos cantavam entre as folhas frescas
and the little birds sang among the fresh leaves
Ela escalou com ele até o topo das altas montanhas
She climbed with him to the tops of high mountains
e embora seus pés delicados sangrassem, ela apenas sorriu
and although her tender feet bled, she only smiled
ela o seguiu até que as nuvens estavam abaixo deles
she followed him till the clouds were beneath them
como um bando de pássaros voando para terras distantes
like a flock of birds flying to distant lands

quando todos dormiam ela sentou-se nos largos degraus de mármore
when all were asleep she sat on the broad marble steps
aliviou seus pés queimando ao banhá-los na água fria
it eased her burning feet to bathe them in the cold water
Foi então que ela pensou em todos aqueles no mar
It was then that she thought of all those in the sea
Uma vez, durante a noite, suas irmãs apareceram, de braços dados
Once, during the night, her sisters came up, arm in arm
eles cantavam tristemente enquanto flutuavam na água
they sang sorrowfully as they floated on the water
Ela acenou para eles, e eles a reconheceram
She beckoned to them, and they recognized her
eles contaram a ela como haviam sofrido a perda de sua irmã mais nova
they told her how they had grieved their youngest sister
depois disso, eles vinham para o mesmo lugar todas as noites
after that, they came to the same place every night
Uma vez ela viu à distância sua velha avó
Once she saw in the distance her old grandmother
ela não vinha à superfície do mar há muitos anos
she had not been to the surface of the sea for many years
e o velho Rei do Mar, seu pai, com sua coroa na cabeça
and the old Sea King, her father, with his crown on his head
ele também veio para onde ela podia vê-lo
he too came to where she could see him
Eles estenderam as mãos em sua direção
They stretched out their hands towards her
mas elas não se aventuraram tão perto da terra quanto suas irmãs
but they did not venture as near the land as her sisters

Com o passar dos dias, ela amou o príncipe cada vez mais
As the days passed she loved the prince more dearly

e ele a amava como alguém amaria uma criança
and he loved her as one would love a little child
Nunca lhe ocorreu a ideia de fazê-la sua esposa
The thought never came to him to make her his wife
mas, a menos que ele se casasse com ela, seu desejo nunca se realizaria
but, unless he married her, her wish would never come true
a menos que ele se casasse com ela, ela não poderia receber uma alma imortal
unless he married her she could not receive an immortal soul
e se ele se casasse com outra os sonhos dela seriam destruídos
and if he married another her dreams would shatter
na manhã seguinte ao seu casamento ela se dissolveria
on the morning after his marriage she would dissolve
e a pequena sereia se tornaria a espuma do mar
and the little mermaid would become the foam of the sea

o príncipe pegou a pequena sereia nos braços
the prince took the little mermaid in his arms
e ele a beijou na testa
and he kissed her on her forehead
com os olhos ela tentou perguntar a ele
with her eyes she tried to ask him
"Você não me ama mais do que todos eles?"
"Do you not love me the most of them all?"
"Sim, você é querido para mim", disse o príncipe
"Yes, you are dear to me," said the prince
"porque você tem o melhor coração"
"because you have the best heart"
"e você é o mais devotado a mim"
"and you are the most devoted to me"
"Você é como uma jovem donzela que eu vi uma vez"
"You are like a young maiden whom I once saw"
"mas nunca mais encontrarei esta jovem donzela"
"but I shall never meet this young maiden again"

"Eu estava em um navio que naufragou"
"I was in a ship that was wrecked"
"e as ondas me jogaram na praia perto de um templo sagrado"
"and the waves cast me ashore near a holy temple"
"no templo várias jovens donzelas realizavam o serviço"
"at the temple several young maidens performed the service"
"A donzela mais jovem me encontrou na praia"
"The youngest maiden found me on the shore"
"e a mais jovem das donzelas salvou minha vida"
"and the youngest of the maidens saved my life"
"Eu a vi apenas duas vezes", ele explicou
"I saw her but twice," he explained
"e ela é a única no mundo que eu poderia amar"
"and she is the only one in the world whom I could love"
"Mas você é como ela", ele tranquilizou a pequena sereia
"But you are like her," he reassured the little mermaid
"e você quase tirou a imagem dela da minha mente"
"and you have almost driven her image from my mind"
"Ela pertence ao templo sagrado"
"She belongs to the holy temple"
"a boa sorte enviou você em vez dela para mim"
"good fortune has sent you instead of her to me"
"Nós nunca nos separaremos", ele consolou a pequena sereia
"We will never part," he comforted the little mermaid

mas a pequena sereia não pôde deixar de suspirar
but the little mermaid could not help but sigh
"ele não sabe que fui eu quem salvou sua vida"
"he knows not that it was I who saved his life"
"Eu o carreguei através do mar até onde fica o templo"
"I carried him over the sea to where the temple stands"
"Fiquei sentado sob a espuma até que o humano veio ajudá-lo"
"I sat beneath the foam till the human came to help him"
"Eu vi a linda donzela que ele ama"

"I saw the pretty maiden that he loves"
"a linda donzela que ele ama mais do que eu"
"the pretty maiden that he loves more than me"
A sereia suspirou profundamente, mas não conseguiu chorar
The mermaid sighed deeply, but she could not weep
"Ele diz que a donzela pertence ao templo sagrado"
"He says the maiden belongs to the holy temple"
"portanto ela nunca retornará ao mundo"
"therefore she will never return to the world"
"Eles não se encontrarão mais", esperava a pequena sereia
"they will meet no more," the little mermaid hoped
"Estou ao lado dele e o vejo todos os dias"
"I am by his side and see him every day"
"Eu cuidarei dele e o amarei"
"I will take care of him, and love him"
"e eu darei a minha vida por ele"
"and I will give up my life for his sake"

O dia do casamento
The Day of the Wedding

Muito em breve foi dito que o príncipe iria se casar
Very soon it was said that the prince was going to marry
havia a linda filha de um rei vizinho
there was the beautiful daughter of a neighbouring king
foi dito que ela seria sua esposa
it was said that she would be his wife
para a ocasião um belo navio estava sendo equipado
for the occasion a fine ship was being fitted out
o príncipe disse que pretendia apenas visitar o rei
the prince said he intended only to visit the king
eles pensaram que ele estava indo apenas para encontrar a princesa
they thought he was only going so as to meet the princess
A pequena sereia sorriu e balançou a cabeça
The little mermaid smiled and shook her head
Ela conhecia os pensamentos do príncipe melhor do que os outros
She knew the prince's thoughts better than the others

"Preciso viajar", ele disse a ela
"I must travel," he had said to her
"Preciso ver esta linda princesa"
"I must see this beautiful princess"
"Meus pais querem que eu vá vê-la"
"My parents want me to go and see her"
"mas eles não me obrigarão a trazê-la para casa como minha noiva"
"but they will not oblige me to bring her home as my bride"
"você sabe que eu não posso amá-la"
"you know that I cannot love her"
"porque ela não é como a bela donzela do templo"
"because she is not like the beautiful maiden in the temple"
"a bela donzela com quem você se parece"

"the beautiful maiden whom you resemble"
"Se eu fosse forçado a escolher uma noiva, eu escolheria você"
"If I were forced to choose a bride, I would choose you"
"meu enjeitado surdo, com aqueles olhos expressivos"
"my deaf foundling, with those expressive eyes"
Então ele beijou sua boca rosada
Then he kissed her rosy mouth
e ele brincou com seus cabelos longos e ondulados
and he played with her long, waving hair
e ele deitou a cabeça no coração dela
and he laid his head on her heart
ela sonhava com a felicidade humana e uma alma imortal
she dreamed of human happiness and an immortal soul

eles estavam no convés do nobre navio
they stood on the deck of the noble ship
"Você não tem medo do mar, tem?" ele disse
"You are not afraid of the sea, are you?" he said
o navio deveria levá-los para o país vizinho
the ship was to carry them to the neighbouring country
Então ele lhe contou sobre tempestades e calmarias
Then he told her of storms and of calms
ele contou a ela sobre peixes estranhos nas profundezas da água
he told her of strange fishes deep beneath the water
e ele contou a ela o que os mergulhadores tinham visto lá
and he told her of what the divers had seen there
Ela sorriu para suas descrições, um pouco divertida
She smiled at his descriptions, slightly amused
ela sabia melhor que maravilhas havia no fundo do mar
she knew better what wonders were at the bottom of the sea

a pequena sereia estava sentada no convés ao luar
the little mermaid sat on the deck at moonlight
todos a bordo dormiam, exceto o homem no leme

all on board were asleep, except the man at the helm
e ela olhou para baixo através da água límpida
and she gazed down through the clear water
Ela pensou que poderia distinguir o castelo de seu pai
She thought she could distinguish her father's castle
e no castelo ela podia ver sua avó idosa
and in the castle she could see her aged grandmother
Então suas irmãs saíram das ondas
Then her sisters came out of the waves
e eles olharam para sua irmã com tristeza
and they gazed at their sister mournfully
Ela acenou para suas irmãs e sorriu
She beckoned to her sisters, and smiled
ela queria dizer a eles o quão feliz e bem de vida ela era
she wanted to tell them how happy and well off she was
Mas o grumete se aproximou e suas irmãs mergulharam
But the cabin boy approached and her sisters dived down
ele pensou que o que viu era a espuma do mar
he thought what he saw was the foam of the sea

Na manhã seguinte o navio chegou ao porto
The next morning the ship got into the harbour
eles chegaram em uma linda cidade costeira
they had arrived in a beautiful coastal town
na chegada foram recebidos pelos sinos da igreja
on their arrival they were greeted by church bells
e das altas torres soou um floreio de trombetas
and from the high towers sounded a flourish of trumpets
soldados alinharam-se nas estradas por onde passavam
soldiers lined the roads through which they passed
Soldados, com louvor e baionetas brilhantes
Soldiers, with flying colors and glittering bayonets
Todos os dias que eles estavam lá havia um festival
Every day that they were there there was a festival
bailes e entretenimentos foram organizados para o evento
balls and entertainments were organised for the event

Mas a princesa ainda não havia aparecido
But the princess had not yet made her appearance
ela foi criada e educada em uma casa religiosa
she had been brought up and educated in a religious house
ela estava aprendendo todas as virtudes reais de uma princesa
she was learning every royal virtue of a princess

Por fim, a princesa fez sua aparição real
At last, the princess made her royal appearance
A pequena sereia estava ansiosa para vê-la
The little mermaid was anxious to see her
ela tinha que saber se ela realmente era bonita
she had to know whether she really was beautiful
e ela foi obrigada a admitir que ela era realmente bonita
and she was obliged to admit she really was beautiful
ela nunca tinha visto uma visão mais perfeita de beleza
she had never seen a more perfect vision of beauty
Sua pele era delicadamente clara
Her skin was delicately fair
e seus olhos azuis risonhos brilhavam com verdade e pureza
and her laughing blue eyes shone with truth and purity
"Foi você", disse o príncipe
"It was you," said the prince
"você salvou minha vida quando eu estava como morto na praia"
"you saved my life when I lay as if dead on the beach"
"e ele segurou sua noiva corada em seus braços"
"and he held his blushing bride in his arms"

"Oh, estou muito feliz!" disse ele à pequena sereia
"Oh, I am too happy!" said he to the little mermaid
"minhas maiores esperanças agora estão realizadas"
"my fondest hopes are now fulfilled"
"Você se alegrará com a minha felicidade"
"You will rejoice at my happiness"

"porque sua devoção por mim é grande e sincera"
"because your devotion to me is great and sincere"
A pequena sereia beijou a mão do príncipe
The little mermaid kissed the prince's hand
e ela sentiu como se seu coração já estivesse partido
and she felt as if her heart were already broken
a manhã do seu casamento iria trazer a morte para ela
the morning of his wedding was going to bring death to her
ela sabia que se tornaria a espuma do mar
she knew she was to become the foam of the sea

o som dos sinos da igreja ecoou pela cidade
the sound of the church bells rang through the town
os arautos cavalgaram pela cidade proclamando o noivado
the heralds rode through the town proclaiming the betrothal
Óleo perfumado era queimado em lâmpadas de prata em cada altar
Perfumed oil was burned in silver lamps on every altar
Os padres agitaram os incensários sobre o casal
The priests waved the censers over the couple
e a noiva e o noivo juntaram as mãos
and the bride and the bridegroom joined their hands
e receberam a benção do bispo
and they received the blessing of the bishop
A pequena sereia estava vestida de seda e ouro
The little mermaid was dressed in silk and gold
ela segurou o vestido da noiva, com muita dor
she held up the bride's dress, in great pain
mas seus ouvidos não ouviram nada da música festiva
but her ears heard nothing of the festive music
e seus olhos não viram a cerimônia sagrada
and her eyes saw not the holy ceremony
Ela pensou na noite da morte chegando até ela
She thought of the night of death coming to her
e ela lamentou por tudo que havia perdido no mundo
and she mourned for all she had lost in the world

naquela noite a noiva e o noivo embarcaram no navio
that evening the bride and bridegroom boarded the ship
os canhões do navio rugiam para celebrar o evento
the ship's cannons were roaring to celebrate the event
e todas as bandeiras do reino estavam tremulando
and all the flags of the kingdom were waving
no centro do navio uma tenda havia sido erguida
in the centre of the ship a tent had been erected
na tenda estavam os sofás-cama para os recém-casados
in the tent were the sleeping couches for the newlyweds
os ventos eram favoráveis para navegar no mar calmo
the winds were favourable for navigating the calm sea
e o navio deslizava tão suavemente quanto os pássaros do céu
and the ship glided as smoothly as the birds of the sky

Quando escureceu, várias lâmpadas coloridas foram acesas
When it grew dark, a number of colored lamps were lighted
os marinheiros e a família real dançavam alegremente no convés
the sailors and royal family danced merrily on the deck
A pequena sereia não conseguia deixar de pensar em seu aniversário
The little mermaid could not help thinking of her birthday
o dia em que ela emergiu do mar pela primeira vez
the day that she rose out of the sea for the first time
festividades alegres semelhantes foram celebradas naquele dia
similar joyful festivities were celebrated on that day
ela pensou na maravilha e na esperança que sentiu naquele dia
she thought about the wonder and hope she felt that day
com essas lembranças agradáveis, ela também se juntou à dança
with those pleasant memories, she too joined in the dance

sobre seus pés doloridos, ela se equilibrou no ar
on her paining feet, she poised herself in the air
a maneira como uma andorinha se posiciona quando está sendo perseguida por uma presa
the way a swallow poises itself when in pursued of prey
os marinheiros e os criados a aplaudiram com admiração
the sailors and the servants cheered her wonderingly
Ela nunca tinha dançado tão graciosamente antes
She had never danced so gracefully before
Seus pés macios pareciam cortados por facas afiadas
Her tender feet felt as if cut with sharp knives
mas ela pouco se importava com a dor em seus pés
but she cared little for the pain of her feet
havia uma dor muito mais aguda perfurando seu coração
there was a much sharper pain piercing her heart

Ela sabia que esta seria a última noite em que o veria
She knew this was the last evening she would ever see him
o príncipe por quem ela havia abandonado sua família e seu lar
the prince for whom she had forsaken her kindred and home
Ela havia desistido de sua linda voz por ele
She had given up her beautiful voice for him
e todos os dias ela sofria uma dor inaudita por ele
and every day she had suffered unheard-of pain for him
ela sofreu tudo isso, enquanto ele não sabia nada da sua dor
she suffered all this, while he knew nothing of her pain
era a última noite que ela respiraria o mesmo ar que ele
it was the last evening she would breath the same air as him
era a última noite em que ela contemplaria o mesmo céu estrelado
it was the last evening she would gaze on the same starry sky
era a última noite em que ela olharia para o mar profundo
it was the last evening she would gaze into the deep sea
era a última noite em que ela contemplaria a noite eterna
it was the last evening she would gaze into the eternal night

uma noite eterna sem pensamentos ou sonhos a esperava
an eternal night without thoughts or dreams awaited her
Ela nasceu sem alma e agora ela nunca poderia ganhar uma
She was born without a soul, and now she could never win one

Tudo era alegria e alegria no navio até muito depois da meia-noite
All was joy and gaiety on the ship until long after midnight
Ela sorriu e dançou com os outros no navio real
She smiled and danced with the others on the royal ship
mas ela dançou enquanto o pensamento da morte estava em seu coração
but she danced while the thought of death was in her heart
ela teve que assistir o príncipe dançar com a princesa
she had to watch the prince dance with the princess
ela teve que assistir quando o príncipe beijou sua linda noiva
she had to watch when the prince kissed his beautiful bride
ela teve que vê-la brincar com os cabelos negros do príncipe
she had to watch her play with the prince's raven hair
e ela teve que vê-los entrar na tenda, de braços dados
and she had to watch them enter the tent, arm in arm

Depois do casamento
After the Wedding

Depois que eles partiram, todos ficaram quietos a bordo do navio.
After they had gone all became still on board the ship
apenas o piloto, que estava no leme, ainda estava acordado
only the pilot, who stood at the helm, was still awake
A pequena sereia se inclinou na borda do navio
The little mermaid leaned on the edge of the vessel
ela olhou para o leste em busca do primeiro rubor da manhã
she looked towards the east for the first blush of morning
o primeiro raio da aurora, que seria sua morte
the first ray of the dawn, which was to be her death
de longe ela viu suas irmãs surgindo do mar
from far away she saw her sisters rising out of the sea
Eles estavam tão pálidos de medo quanto ela
They were as pale with fear as she was
mas seus lindos cabelos não balançavam mais ao vento
but their beautiful hair no longer waved in the wind
"Demos nossos cabelos à bruxa", disseram eles
"We have given our hair to the witch," said they
"para que você não tenha que morrer esta noite"
"so that you do not have to die tonight"
"para o nosso cabelo obtivemos esta faca"
"for our hair we have obtained this knife"
"Antes que o sol nasça você deve usar esta faca"
"Before the sun rises you must use this knife"
"você deve cravar a faca no coração do príncipe"
"you must plunge the knife into the heart of the prince"
"o sangue quente do príncipe deve cair sobre seus pés"
"the warm blood of the prince must fall upon your feet"
"e então seus pés crescerão juntos novamente"
"and then your feet will grow together again"
"onde você tem pernas você terá um rabo de peixe novamente"

"where you have legs you will have a fish's tail again"
"e onde você era humano você será novamente uma sereia"
"and where you were human you will once more be a mermaid"
"então você pode voltar a viver conosco, sob o mar"
"then you can return to live with us, under the sea"
"e você receberá seus trezentos anos de sereia"
"and you will be given your three hundred years of a mermaid"
"e só então você será transformado na espuma salgada do mar"
"and only then will you be changed into the salty sea foam"
"Apresse-se, então; ou ele ou você deve morrer antes do nascer do sol"
"Haste, then; either he or you must die before sunrise"
"nossa velha avó chora por você dia e noite"
"our old grandmother mourns for you day and night"
"o cabelo branco dela está caindo"
"her white hair is falling out"
"assim como nossos cabelos caíram sob a tesoura da bruxa"
"just as our hair fell under the witch's scissors"
"Mate o príncipe e volte", imploraram a ela
"Kill the prince, and come back," they begged her
"Você não vê os primeiros riscos vermelhos no céu?"
"Do you not see the first red streaks in the sky?"
"Em poucos minutos o sol nascerá e você morrerá"
"In a few minutes the sun will rise, and you will die"
tendo feito o seu melhor, suas irmãs suspiraram profundamente
having done their best, her sisters sighed deeply
tristemente suas irmãs afundaram de volta sob as ondas
mournfully her sisters sank back beneath the waves
e a pequena sereia ficou com a faca nas mãos
and the little mermaid was left with the knife in her hands

ela puxou a cortina carmesim da tenda
she drew back the crimson curtain of the tent
e na tenda ela viu a linda noiva
and in the tent she saw the beautiful bride
seu rosto estava apoiado no peito do príncipe
her face was resting on the prince's breast
e então a pequena sereia olhou para o céu
and then the little mermaid looked at the sky
no horizonte o amanhecer rosado ficava cada vez mais brilhante
on the horizon the rosy dawn grew brighter and brighter
Ela olhou para a faca afiada em suas mãos
She glanced at the sharp knife in her hands
e novamente ela fixou os olhos no príncipe
and again she fixed her eyes on the prince
Ela se abaixou e beijou sua nobre testa
She bent down and kissed his noble brow
ele sussurrou o nome de sua noiva em seus sonhos
he whispered the name of his bride in his dreams
ele estava sonhando com a princesa com quem se casou
he was dreaming of the princess he had married
a faca tremeu na mão da pequena sereia
the knife trembled in the hand of the little mermaid
mas ela atirou a faca bem longe no mar
but she flung the knife far into the sea

onde a faca caiu a água ficou vermelha
where the knife fell the water turned red
as gotas que jorraram pareciam sangue
the drops that spurted up looked like blood
Ela lançou um último olhar ao príncipe que amava
She cast one last look upon the prince she loved
o sol perfurou o céu com suas flechas douradas
the sun pierced the sky with its golden arrows
e ela se jogou do navio no mar
and she threw herself from the ship into the sea

a pequena sereia sentiu seu corpo se dissolver em espuma
the little mermaid felt her body dissolving into foam
e tudo o que subiu à superfície foram bolhas de ar
and all that rose to the surface were bubbles of air
os raios quentes do sol caíam sobre a espuma fria
the sun's warm rays fell upon the cold foam
mas ela não sentia como se estivesse morrendo
but she did not feel as if she were dying
de uma forma estranha ela sentiu o calor do sol brilhante
in a strange way she felt the warmth of the bright sun
ela viu centenas de belas criaturas transparentes
she saw hundreds of beautiful transparent creatures
as criaturas estavam flutuando ao redor dela
the creatures were floating all around her
através das criaturas ela podia ver as velas brancas dos navios
through the creatures she could see the white sails of the ships
e entre as velas dos navios ela viu as nuvens vermelhas no céu
and between the sails of the ships she saw the red clouds in the sky
A fala deles era melodiosa e infantil
Their speech was melodious and childlike
mas sua fala não podia ser ouvida por ouvidos mortais
but their speech could not be heard by mortal ears
nem seus corpos poderiam ser vistos por olhos mortais
nor could their bodies be seen by mortal eyes
A pequena sereia percebeu que ela era como eles
The little mermaid perceived that she was like them
e ela sentiu que estava subindo cada vez mais alto
and she felt that she was rising higher and higher
"Onde estou?" perguntou ela, e sua voz soou etérea
"Where am I?" asked she, and her voice sounded ethereal
não há música terrena que possa imitá-la
there is no earthly music that could imitate her
"você está entre as filhas do ar", respondeu uma delas

"you are among the daughters of the air," answered one of them
"Uma sereia não tem alma imortal"
"A mermaid has not an immortal soul"
"nem as sereias podem obter almas imortais"
"nor can mermaids obtain immortal souls"
"a menos que ela conquiste o amor de um ser humano"
"unless she wins the love of a human being"
"da vontade de outro depende seu destino eterno"
"on the will of another hangs her eternal destiny"
"como você, nós também não temos almas imortais"
"like you, we do not have immortal souls either"
"mas podemos obter uma alma imortal por nossas ações"
"but we can obtain an immortal soul by our deeds"
"Voamos para países quentes e refrescamos o ar abafado"
"We fly to warm countries and cool the sultry air"
"o calor que destrói a humanidade com pestilência"
"the heat that destroys mankind with pestilence"
"Nós carregamos o perfume das flores"
"We carry the perfume of the flowers"
"e espalhamos saúde e restauração"
"and we spread health and restoration"

"por trezentos anos viajamos pelo mundo assim"
"for three hundred years we travel the world like this"
"naquele tempo nos esforçamos para fazer todo o bem que estiver ao nosso alcance"
"in that time we strive to do all the good in our power"
"se tivermos sucesso, receberemos uma alma imortal"
"if we succeed we receive an immortal soul"
"e então nós também participamos da felicidade da humanidade"
"and then we too take part in the happiness of mankind"
"Você, pobre pequena sereia, fez o seu melhor"
"You, poor little mermaid, have done your best"
"você tentou de todo o coração fazer o que estamos fazendo"

"you have tried with your whole heart to do as we are doing"
"Você sofreu e suportou uma dor enorme"
"You have suffered and endured an enormous pain"
"por suas boas ações você se elevou ao mundo espiritual"
"by your good deeds you raised yourself to the spirit world"
"e agora você viverá ao nosso lado por trezentos anos"
"and now you will live alongside us for three hundred years"
"se esforçando como nós, você pode obter uma alma imortal"
"by striving like us, you may obtain an immortal soul"
A pequena sereia ergueu seus olhos glorificados em direção ao sol
The little mermaid lifted her glorified eyes toward the sun
pela primeira vez, ela sentiu seus olhos se encherem de lágrimas
for the first time, she felt her eyes filling with tears

No navio que ela havia deixado havia vida e barulho
On the ship she had left there was life and noise
ela viu o príncipe e sua linda noiva procurando por ela
she saw the prince and his beautiful bride searching for her
Com tristeza, eles olharam para a espuma perolada
Sorrowfully, they gazed at the pearly foam
era como se soubessem que ela havia se jogado nas ondas
it was as if they knew she had thrown herself into the waves
Sem ser vista, ela beijou a testa da noiva
Unseen, she kissed the forehead of the bride
e então ela se levantou com as outras crianças do ar
and then she rose with the other children of the air
juntos eles foram até uma nuvem rosa que flutuava acima
together they went to a rosy cloud that floated above

"Depois de trezentos anos", um deles começou a explicar
"After three hundred years," one of them started explaining
"então flutuaremos para o reino dos céus", disse ela
"then we shall float into the kingdom of heaven," said she

"E podemos até chegar lá mais cedo", sussurrou um companheiro
"And we may even get there sooner," whispered a companion
"Podemos entrar sem sermos vistos nas casas onde há crianças"
"Unseen we can enter the houses where there are children"
"em algumas casas encontramos boas crianças"
"in some of the houses we find good children"
"essas crianças são a alegria dos seus pais"
"these children are the joy of their parents"
"e essas crianças merecem o amor dos seus pais"
"and these children deserve the love of their parents"
"tais crianças encurtam o tempo da nossa provação"
"such children shorten the time of our probation"
"A criança não sabe quando voamos pela sala"
"The child does not know when we fly through the room"
"e eles não sabem que sorrimos de alegria com sua boa conduta"
"and they don't know that we smile with joy at their good conduct"
"porque então nosso julgamento chegará um dia mais cedo"
"because then our judgement comes one day sooner"
"Mas também vemos crianças travessas e perversas"
"But we see naughty and wicked children too"
"quando vemos essas crianças derramamos lágrimas de tristeza"
"when we see such children we shed tears of sorrow"
"e para cada lágrima que derramamos um dia é acrescentado ao nosso tempo"
"and for every tear we shed a day is added to our time"

www.tranzlaty.com

www.ingramcontent.com/pod-product-compliance
Lightning Source LLC
Chambersburg PA
CBHW012007090526
44590CB00026B/3913